W0277855

C'EST PAS SORCIER d'être…

Texte de
Madeleine Deny

Illustrations de
Erwann Surcouf
Personnages de Fred et Jamy
Mauro Mazzari

Avec la collaboration de **Frédéric Courant** *et* **Jamy Gourmaud**

Direction éditoriale : **Céline Charvet**
Responsable d'édition : **Jean-Christophe Fournier**
Direction artistique : **Jean-François Saada, Lieve Louwagie**
Conception graphique : **Jean-François Saada, Lieve Louwagie, Lawrence Honoré**
Maquette : **Lawrence Honoré, Kevin Chevallier**
Relecture scientifique : **Brice Lopez**
Relecture typographique : **Anne Bleuzen**
Fabrication : **Céline Premel-Cabic**
Photogravure : **FAP**

Nous remercions ***Brice Lopez*** *(Acta expérimentation) pour ses conseils et* ***Carole Corno*** *pour son aide précieuse.*

Nous remercions les équipes de C'est pas sorcier, FTD et Riff, et tout particulièrement François Vié.

© Nathan, France, 2007 – C'est pas sorcier ® France 3/Riff international production, 2007
ISBN : 978-2-09-251546-4 – N° de projet : 10138052 – Dépôt légal : octobre 2007
Conforme à la loi n° 49.956 du 16 juillet 1949 sur les publications destinées à la jeunesse.
Imprimé en Espagne

un gladiateur

Texte de **Madeleine Deny**
Illustrations de **Erwann Surcouf**

ES-TU PRÊT À ACCEPTER LA DISCIPLINE SÉVÈRE d'une école de gladiateurs, à t'entraîner jour et nuit pour acquérir les qualités physiques d'un champion, à risquer ta vie pour devenir l'un des héros de l'arène ? Eh bien, que dirais-tu de devenir un jeune gladiateur de seize ans, fougueux, effronté et décidé à n'en faire qu'à sa tête ?

Jamy et moi, nous t'accompagnerons tout au long de ton chemin. À chaque page, tu devras prendre la bonne décision pour avancer. Tu seras renvoyé d'une page à l'autre jusqu'à la fin de l'histoire. Comme il y a plusieurs histoires dans ce livre, tu pourras le lire plus de **dix fois** sans vivre la même aventure.

Certaines fins seront heureuses, d'autres un peu moins… mais je sais que tu repartiras toujours du bon pied !
À la fin de chaque aventure, Jamy te donnera de **précieuses informations** pour en savoir un peu plus sur les gladiateurs.
Les mots difficiles, suivis d'un astérisque (*), sont expliqués à la dernière page.

Un dernier conseil avant de partir : vérifie tes armes avant de combattre, n'aie aucune pitié pour tes adversaires et méfie-toi des changements d'humeur et de l'empereur Caligula !

CHOISIS BIEN TON CHEMIN !

C'EST PAS SORCIER

QUANT À MOI, JE TE RETROUVERAI
À CHAQUE FIN D'AVENTURE POUR UN PETIT TOPO...

Les topos de Jamy

TU Y DÉCOUVRIRAS DES INFORMATIONS PASSIONNANTES sur le monde des gladiateurs. Rien ne t'empêche de les lire indépendamment de l'histoire !

Rome et les jeux

Le métier de gladiateur

Les jeux du cirque

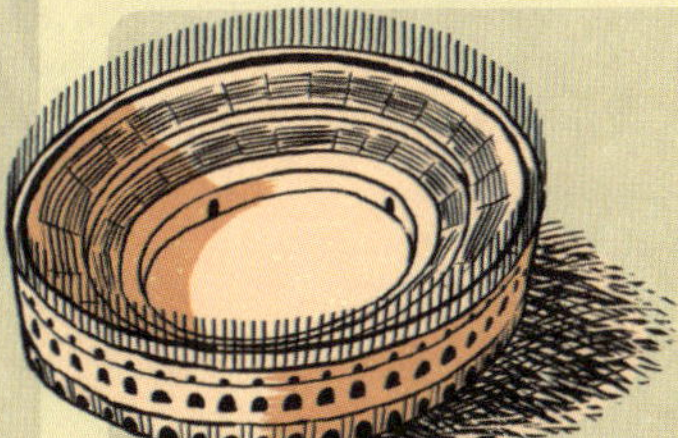

1

– Rappelle-toi ce que je t'ai dit hier, crie le sénateur* Milvius en te bousculant : « La prochaine fois que tu oses me désobéir, je t'envoie au ludus* ! »
Le patricien* se tourne ensuite vers son intendant.
– Brutus, débarrasse-moi de cet esclave et vends-le un bon prix au laniste*.
– Pitié, Maître ! Ne m'envoyez pas là-bas, supplies-tu en te jetant à ses pieds.
– Appartenir à la grande famille des gladiateurs va te faire le plus grand bien. Espérons que dès l'an prochain, dans l'arène, tu nous offriras un beau spectacle ! reprend le sénateur en s'éloignant.
Deux heures plus tard, Brutus t'amène chez le laniste Aquila. Celui-ci s'approche et palpe tes muscles.
– Cet esclave a l'air sain. Ton prix sera le mien, dit-il à Brutus.
Te voilà alors échangé contre une bourse pleine de sesterces*. Ta carrière de gladiateur commence.

DIS JAMY, AVANT DE SUIVRE NOTRE HÉROS, TU POURRAIS NOUS DIRE À QUELLE ÉPOQUE NOUS SOMMES ET QUI EST À LA TÊTE DE ROME ?

PAS DE PROBLÈME, FRED. NOUS VOILÀ EN L'AN 39 SOUS LE RÈGNE DE L'EMPEREUR CALIGULA.

L'Empire romain au Ier siècle après J.-C.

Rafraîchissons-nous la mémoire. Après la conquête de la Gaule, **Jules César** (101–44 av. J.-C.) devient dictateur à vie. En –27, son fils adoptif **Octave** devient le premier empereur de Rome sous le nom d'**Auguste**.

Les empereurs de la dynastie Julio-Claudienne

Auguste et ses successeurs ont un pouvoir absolu, et tous n'en feront pas bon usage. Ainsi, **Caligula** règnera en tyran avant d'être assassiné.

Durant cette dynastie, les Romains vivent une période de paix et de prospérité. Les empereurs font de **Rome** la plus belle ville de l'Empire. Des plus riches aux plus pauvres, tous profitent des **grands travaux** visant à améliorer le confort de leur ville.

Toutes classes confondues, les Romains ont une même passion : **les jeux du cirque !**

Temples, arcs de triomphe, aqueducs… Rome se pare de magnifiques édifices.

ET MAINTENANT, COMMENCE L'AVENTURE EN 2 !

– Te voilà condamné aux jeux, vaurien ! te dit Aquila en t'emmenant dans la cour de la caserne. Je suppose que tu sais ce qui t'attend ?
– Ma vie t'appartient, lui réponds-tu. Tu as le droit de me battre, de me mettre au cachot, de me mettre à mort selon ton bon plaisir…
– Oui, c'est en effet ce qu'il t'arrivera si tu me déçois. Prends donc une de ces armes en bois et choisis-toi un adversaire, te dit-il en t'indiquant des gladiateurs à l'entraînement. On va voir comment tu te débrouilles.
– Et comment on l'appelle, le nouveau ? demande l'un d'eux.
– Martial, répond Aquila. Ce sera son nom de gladiateur.

SI TU CHOISIS DE TE BATTRE AVEC UN FILET ET UN TRIDENT, VA EN 39.

SI TU PRÉFÈRES L'ÉPÉE, VA EN 17.

3

Le lendemain, après une bonne nuit de sommeil, tes compagnons et toi êtes escortés vers l'amphithéâtre. La vraie pompa*, celle qui débute le spectacle offert par le sénateur* Clemens, commence.

– Alors, c'est toi que je vais combattre, ricane Triumphus avant d'entrer dans l'arène. J'espère que tu sauras mourir dignement.

– Rien ne dit que c'est toi qui porteras le coup de grâce, lui rétorques-tu tout en saluant la foule en délire.

– Sais-tu qui assistera aux combats de gladiateurs, cet après-midi ? L'empereur Caligula ! C'est un partisan des secutors*. Il va tout faire pour que je gagne !

SI TU DÉCIDES DE NE PAS PRÊTER ATTENTION À CE QU'IL DIT, VA EN 29.

SI TU PRÉFÈRES EN PARLER AVEC TIGRIS, VA EN 34.

– Notre duel a été splendide. Tigris le mirmillon* ne mérite pas la mort, cries-tu en t'adressant à l'empereur.
Puis tu dégages la tête de ton ami des mailles de ton filet. Il se relève, retire son casque et harangue la foule.
– J'ai toujours su distraire le public en lui offrant de beaux combats. Aujourd'hui, j'ai eu affaire à plus fort que moi. Je refuse sa pitié. Je vais vous montrer que je sais mourir aussi bien que j'ai su lutter !
Tigris empoigne alors son épée et se la plante en plein cœur !

TIGRIS N'A PAS SUPPORTÉ D'AVOIR AFFAIRE À PLUS FORT QUE LUI. FAIS ATTENTION, TOI AUSSI, DE NE PAS PRENDRE LA GROSSE TÊTE LORSQUE TU SERAS EN 15.

5

Le secutor* est un véritable géant. C'est aussi une grande vedette de l'arène qui sait toujours mettre du piquant dans ses combats. Et c'est ce qui arrive dès que tu lances ta première attaque. Le colosse te saute dessus. Il te jette comme un sac de farine sur son épaule et s'offre un tour d'arène sous les acclamations de la foule.

Tout en tenant ton filet, tu frappes son dos à coups redoublés. Cela déchaîne l'hilarité du public. Mais le secutor, dont la vision est sensiblement réduite sous son casque, ne voit pas venir ton coup. Tu lances ton filet devant lui. Il se prend les pieds dedans, tombe et se blesse avec sa propre épée. Le voilà à tes pieds.

SI TU LUI RÈGLES SON COMPTE AVEC SON ÉPÉE, VA EN 37.

SI TU PRÉFÈRES ATTENDRE LA DÉCISION DE L'ARBITRE, VA EN 14.

6

Cette affaire d'évasion arrive vite aux oreilles de Lucius, et le laniste* fait appel à la légion romaine pour vous arrêter. Vous êtes rattrapés avant même que vous n'ayez eu le temps de faire cent mètres hors du ludus*.

Le général vous rassemble bientôt dans la cour.

– Afin de couper court à toute rébellion, la sanction doit être sévère, décrète-t-il.

– Je te propose d'organiser un spectacle d'exception pour tes hommes, lui dis Lucius. Je vais obliger ces fortes têtes à combattre entre eux jusqu'à ce qu'il n'en reste plus qu'un !

– L'idée est fameuse ! lui répond le général.

Toi et ton compagnon de cachot êtes les premiers à combattre. Mais vous refusez de lutter l'un contre l'autre. Sans manifester la moindre crainte, il te tend sa gorge. Tu lui plantes ta lame dans le cou avant de te la planter dans le cœur. Et vous mourez ensemble en sauvant votre honneur face à des spectateurs furieux !

PAS SOUVENT. MAIS LA RÉVOLTE DE SPARTACUS A FAIT TREMBLER LES RICHES ROMAINS !

La révolte de Spartacus

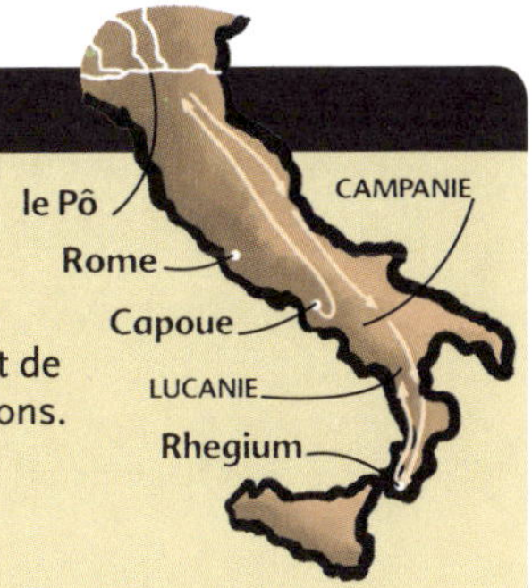

Rappelons les faits. En 75 av. J.-C., Spartacus est condamné à devenir gladiateur pour avoir déserté l'armée. Deux ans plus tard, il s'enfuit de l'école de gladiateurs de Capoue avec 70 compagnons.

La révolte des esclaves

Bientôt, les esclaves des riches propriétaires romains de Campanie rejoignent les évadés. **Spartacus se retrouve à la tête de 40 000 hommes.** Son but ? Rejoindre le Nord et atteindre la frontière pour rendre la liberté aux esclaves qui l'accompagnent.

Rome humiliée

Durant l'été 72 av. J.-C., après avoir battu tour à tour les deux consuls de Rome, Spartacus pousse plus loin l'humiliation **en obligeant ses prisonniers romains à s'entretuer,** comme des gladiateurs, devant un public composé uniquement d'esclaves !

Changement de programme

Parvenu sur les rives du Pô en crue, il décide de marcher sur Rome. Puis, craignant de ne pas faire le poids face à l'armée romaine, **il préfère rebrousser chemin vers le Sud.**

Le temps de la défaite

À l'automne, le riche Romain Crassus, à la tête de 50 000 soldats, marche sur Reghium où s'est replié Spartacus. Les rebelles parviennent d'abord à s'enfuir. Mais en mars 71 av. J.-C., l'armée romaine écrase les esclaves en Lucanie du Nord. **Plus de 6 000 soldats de Spartacus sont crucifiés !**

Nul ne sait ce qu'il est advenu de Spartacus.
Mais il restera le seul esclave à avoir tenu tête à l'armée romaine !

REVIENS SUR TES PAS ET CHOISIS UN AUTRE CHEMIN !

7

Quinze jours plus tard, lors d'une séance d'entraînement, tu arrives à tes fins. Marcellus, un gladiateur avec lequel tu as noué des relations d'amitié, provoque l'accident tant attendu. Il te blesse à la main avec son épée d'entraînement en bois : une arme inoffensive, mais dont tu as, avec la complicité de Marcellus, trempé les pointes dans du poison ! L'effet est immédiat. Ta main, ton bras gonflent, tu es pris de malaises…

– Merci, souffles-tu à ton ami, avant d'être conduit à l'infirmerie du ludus*. Tu m'as rendu un fier service, je te revaudrai ça.

Rien ne va plus, en revanche, lorsque le médecin annonce à Aquila que ta blessure va être lente à guérir. Le laniste* est furieux de ne pas pouvoir te vendre à Caligula.

– Puisque tu manies si mal l'épée, tu apprendras à lancer le filet. Dès que tu seras guéri, tu seras rétiaire* !

NE TE « ROUILLE » PAS TROP !
L'ENTRAÎNEMENT REPREND BIENTÔT EN 39.

8

– Quel talent ! te dit Tigris, quelques jours plus tard, en s'asseyant à côté de toi au réfectoire. Tu es teigneux, malin… Tu adores la bagarre… Bref, tu as tout ce qu'il faut pour devenir un excellent rétiaire*.

– Et dès demain, le petit génie du trident va pouvoir montrer aux Romains de quoi il est capable, dit Aquila en s'adressant à Tigris. Titus vient de se blesser. Il ne pourra combattre contre toi. Martial le remplacera.

– Mais je n'ai pas eu assez de temps pour m'entraîner ! protestes-tu. Je suis condamné avant même d'être entré dans l'arène !

– Sauf si le public est avec toi, te répond Tigris.

RETROUVE TIGRIS DANS L'ARÈNE EN 24.

Tu t'élances et tu plantes ton poignard dans la gorge du lion. L'animal, terrassé, s'effondre. Ce coup spectaculaire laisse les spectateurs sans voix.

– Ce jeune homme a une force phénoménale ! s'exclame Lucius, le laniste* d'une troupe ambulante venu assister au combat. Si Aquila ne me le vend pas trop cher, je ferai de lui un champion.

L'homme, habile en affaires, parvient rapidement à ses fins.

– Jamais je n'aurais imaginé gagner le moindre sesterce* avec toi ! te dit Aquila en te regardant quitter l'arène. Bon débarras, et ne reviens plus à Rome !

MONTE DANS LA CARRIOLE DE LUCIUS. UNE NOUVELLE CARRIÈRE, CELLE DE GLADIATEUR ITINÉRANT, S'OFFRE À TOI. VA EN 27.

10

Durant l'année qui suit, tu es soumis à un entraînement intensif. Apprenti appliqué, tu te montres sûr de toi et courageux : des qualités essentielles pour combattre dans l'arène.

– Le sénateur* Clemens a décidé d'offrir au peuple une journée de jeux, vous annonce Aquila, en ce tout début d'été. Il m'a chargé de lui réserver mes meilleurs gladiateurs. Tu es du nombre, Martial. Tu vas livrer ton premier combat. Fais en sorte d'offrir au peuple une belle démonstration de force et de courage ! Et maintenant, prépare-toi pour la pompa*. Vos admirateurs n'attendent qu'une chose : vous regarder sous toutes les coutures !

– Tu vas voir l'enthousiasme que nous sommes capables de déchaîner chez les gens ! te dit Tigris en sortant du ludus*.

SOURIS, BOMBE LE TORSE ET AVANCE FIÈREMENT JUSQU'EN 28.

11

– Sais-tu que notre empereur a chargé ses fidèles citoyens de livrer une guerre sans merci aux adeptes de Christos[1] ? reprend Aquila en appelant en renfort les gardiens du ludus*. Jure que tu crois en nos dieux, sinon demain, tu endureras les plus horribles supplices dans l'arène.
– Je suis chrétien et je sais ce qui m'attend, lui réponds-tu. Mais je n'ai pas peur. Et je peux te jurer qu'aucune plainte ni aucun soupir ne sortiront de ma bouche lorsque la foule me regardera mourir.
– Te voilà donc condamné aux lions. Gardes ! Conduisez-le au cachot !

1. Jésus-Christ.

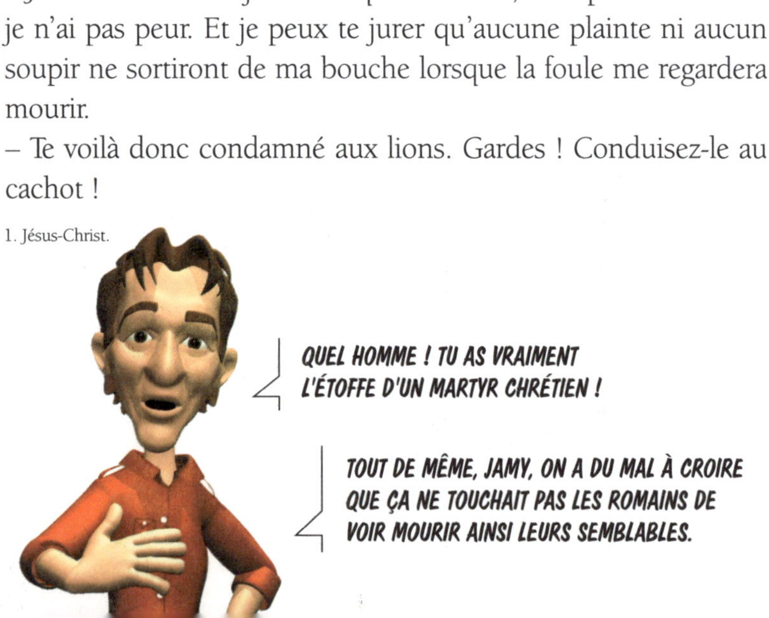

ET POURTANT ! À CETTE ÉPOQUE, LA MORT D'UN CRIMINEL, D'UN CHRÉTIEN OU D'UN ESCLAVE ÉTAIT BIEN PEU DE CHOSES !

À l'école des gladiateurs

Tout l'art de la gladiature consiste à proposer au public des combats spectaculaires. Rétiaire, provocator, mirmillon… tous ces hommes armés, les « armaturae », s'opposent avec un équipement et des tactiques différents. Les paires de combattants sont constituées de telle sorte que les combats soient bien équilibrés.

Secutor

Tactique de combat : briser le trident du rétiaire à coups de bouclier.

Arme : glaive court.

Défense : casque, grand bouclier, protection au bras droit et à la jambe gauche.

Rétiaire

Tactique de combat : percuter le secutor avec son trident, puis l'entraver à l'aide du filet.

Armes : trident, filet et poignard.

Défense : protection au bras gauche, épaulière.

Thrace

Tactique de combat : contourner le grand bouclier du mirmillon grâce à son glaive courbe.

Arme : glaive courbe.

Défense : casque, petit bouclier carré, protection au bras droit, grandes jambières.

Mirmillon

Tactique de combat : percuter le Thrace avec son bouclier et la crête de son casque.

Armes : casque surmonté d'une crête, glaive court.

Défense : grand bouclier rectangulaire, protection au bras droit et à la jambe gauche.

Provocator

Scissor

Hoplomaque

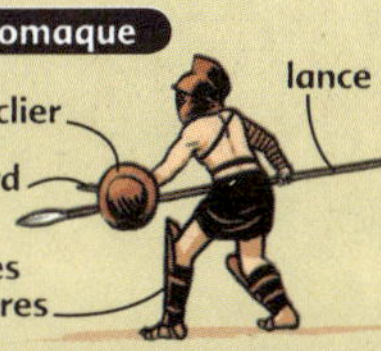

REVIENS SUR TES PAS ET CHOISIS UN AUTRE CHEMIN !

Vous descendez quelques marches, poussez une porte et entrez dans une crypte. Plusieurs gladiateurs sont là, portant des torches. Ils éclairent la statue du dieu Nemesis.

– Concentrez vos esprits, tendez vos forces ! scande le prêtre en jetant des herbes aromatiques sur les charbons ardents qui entourent la statue. La puissance de Nemesis va vous porter jusqu'à la victoire !

Soudain, il pousse un cri rauque en voyant un bouclier se décrocher de la paroi et tomber à tes pieds.

– C'est un mauvais présage ! t'annonce-t-il. Nemesis exige que tu te purifies en plongeant tes bras dans le sang de ce taureau sacrifié en son honneur.

SI TU PRÉFÈRES QUITTER LES LIEUX SANS TENIR COMPTE DE SA DEMANDE, VA EN 30.

SI TU LUI OBÉIS, VA EN 3.

13

– Ton jour de chance est arrivé ! te dit un matin Lucius alors que vous êtes aux portes de Rome. J'ai réussi à te louer à Drusus, l'organisateur du munus* qui a lieu en ce moment. Cet après-midi, il va t'apparier* à son champion favori : le célèbre Ferox. Si tu le vaincs, tu feras partie des meliores[1] de l'Empire.

– Refuse d'y aller, te souffle un des vétérans* de la troupe.

– Rue-toi sur lui dès que tu es dans l'arène, te conseille un autre de tes compagnons. C'est ta seule chance de sauver ta vie !

1. L'élite.

SI TU TE JETTES SUR FEROX DÈS TON ENTRÉE DANS L'ARÈNE, VA EN 25.

SI, CRAIGNANT DE L'AFFRONTER, TU REFUSES DE SUIVRE LUCIUS, VA EN 38.

Soudain, l'arbitre arrête le combat et fait entrer le soigneur de Triumphus.
– J'accorde une pause pour que l'on panse le blessé.
Tu profites de l'occasion pour réajuster tes protections, te rafraîchir avec une boisson que te tend le soigneur. Bientôt, le combat reprend.
Le secutor* titube. Tu bondis et l'attaques par derrière. Mais avant que tu n'aies eu le temps de lancer ton filet, tu es pris d'un malaise.
– Allez, du nerf ! hurle l'arbitre. Attaquez donc ! Je veux du beau spectacle !

SI TU ESSAYES TANT BIEN QUE MAL DE TENIR DEBOUT, EN ESPÉRANT QUE LA FOULE RÉCLAME LE MATCH NUL, VA EN 32.

SI TU PRÉFÈRES BOIRE ENCORE UN COUP POUR REPRENDRE DES FORCES, VA EN 41.

Trois ans plus tard, tu repenses à ce premier combat, comme à chaque fois que tu sors vainqueur de l'arène. Tu as fait une carrière exceptionnelle, tu es maintenant adulé par la foule. Par ton courage, ton habileté, ta force, tu as réussi à garder la vie sauve et à gagner plus de quinze combats. Et voilà qu'aujourd'hui sonne l'heure de la retraite. Tu es libre, désormais, de décider de ton avenir. Tu proposes alors à Aquila, devenu trop âgé pour entraîner ses hommes, de le seconder au ludus* : une caserne dont tu avais franchi la porte il n'y a pas si longtemps.

La carrière des champions

La gladiature, pour certains, c'est une vraie chance de s'en sortir ! Pour les petits criminels et les prisonniers de guerre, bien sûr, qui préfèrent la gladiature à la prison, ou pour les esclaves, qui ont l'espoir d'être libérés. C'est aussi une chance à saisir pour les plébéiens* ruinés.

Plébéiens **Criminels** **Esclaves**

Les gladiateurs signent **un contrat de 3 à 5 ans** avec un laniste* : l'école subvient à leurs besoins et à ceux de leur famille. À la fin de leur engagement, les gladiateurs sont libres de quitter le métier.

Un gladiateur va livrer en moyenne **2 ou 3 combats à mort par an.** Les risques de blessure sont très importants, mais il n'y a pas tant de morts que ça dans l'arène. Les plus doués peuvent combattre une vingtaine de fois au cours de leur carrière.

Après leur libération, certains gladiateurs restent dans la « famille » en devenant arbitres, entraîneurs ou lanistes... D'autres finissent gardes du corps ou même tueurs à gages.

À la fin de leur contrat, les gladiateurs se voient remettre une baguette d'honneur, la rudis, et une partie de la somme encaissée à chaque combat par le laniste.

REVIENS SUR TES PAS POUR VIVRE UNE AUTRE AVENTURE !

– Ils ont trop parié sur lui pour refuser sa grâce, te dit l'arbitre. Mais tu peux encore leur donner un peu de spectacle en leur montrant comment tu prévois d'en finir avec le secutor* s'ils ne lui laissent pas la vie sauve.

Tu te redresses, prends le glaive du secutor et entames devant l'homme cloué au sol un simulacre d'égorgement. Tu pousses des cris de victoire, à la manière des grands champions de l'arène. Ces hurlements déplaisent beaucoup aux Romains car ils soutiennent le secutor.

ARRÊTE TON CIRQUE ! CE N'EST PAS LE MOMENT D'ÉNERVER LES SPECTATEURS. VA VITE EN 43.

– Pas mal, le jeu de jambes ! s'écrie Sabinus, un centurion de la garde impériale venu assister à l'entraînement. Occupe-toi bien de cet homme. Dès que tu en auras fait un bon combattant, envoie-le-moi. L'empereur Caligula m'a chargé de recruter des gladiateurs pour sa garde personnelle.

– C'est un honneur que tu me fais de choisir l'un de mes apprentis, s'exclame Aquila.

Le laniste* se frotte déjà les mains à l'idée du gros bénéfice qu'il va faire en te revendant.

Seulement, la folie de Caligula est connue de tous, et tu décides de tout faire pour ne pas être vendu à l'empereur.

SI TU PRÉVOIS DE T'ENFUIR À LA PREMIÈRE OCCASION, VA EN 36.

SI TU PRÉFÈRES PRENDRE UN MAUVAIS COUP POUR TE FAIRE PORTER MALADE, VA EN 7.

18

Tu lèves le bras pour faire taire la foule et tu t'avances vers la tribune impériale. Tu te penches pour recevoir ta couronne et ta palme de vainqueur lorsque soudain un cri s'élève des gradins.
– Tigris et Martial se sont entendus avant le combat pour se ménager. Leur combat était truqué !
C'est le choc ! Cette révélation déchaîne la fureur de la foule. Les Romains te huent avec autant de hargne qu'ils ont mis d'enthousiasme à t'acclamer l'instant d'avant. Tes derniers supporters protestent. La bagarre semble près d'éclater.

SI ON ÉTAIT À TA PLACE, ON PROFITERAIT DU CHAHUT POUR FILER DISCRÈTEMENT EN 43.

19

– J'ai déjà vu Triumphus dans l'arène et je sais comment il ruse pour faire tomber l'adversaire, te confie Tigris, l'un des plus anciens gladiateurs du ludus*, en te conduisant dans la cour. Je vais me mettre à sa place et te dévoiler sa technique de combat.

L'entraînement est intensif et Tigris ne te ménage pas.

– Bouge, fais un pas à gauche, recule, lance ton filet…

Du bras gauche, il pare les coups que tu lui portes. De la main droite, il fait des petits moulinets avec son épée pour te tenir à distance. Après t'avoir donné ses derniers conseils, il te ramène à ta cellule.

– C'est moi qui le tuerai et remporterai la victoire, lui dis-tu, regonflé à bloc.

Une fois seul, tu te laisses tomber sur ta paillasse et tu t'endors.

FAIS DE BEAUX RÊVES ET RÉVEILLE-TOI AVEC LA MÊME RAGE DE VAINCRE EN 3.

20

Brusquement, Tigris s'aplatit au sol. Il ressemble à un fauve prêt à fondre sur toi. Soudain, victime d'une crampe, il perd l'équilibre et tombe. Tu profites de sa chute pour lancer ton filet. Et avant même qu'il n'ait pu faire le moindre geste, il est emprisonné. Le voilà à ta merci.

Tu te tournes vers Caligula et attends son verdict.

– Laissons au vainqueur le choix de décider du sort du mirmillon*, annonce Caligula.

Il se penche alors légèrement au-dessus du rebord de marbre de la tribune impériale et attend ta réaction.

SI TU DÉCIDES DE T'ADRESSER D'ABORD À L'EMPEREUR, VA EN 4.

SI TU PRÉFÈRES CRIER TON VERDICT POUR QUE TOUTE LA FOULE L'ENTENDE, VA EN 42.

21

L'arbitre fait comme s'il ne t'entendait pas. Tout tourne autour de toi, tu tombes à genoux. Triumphus en profite pour pointer son glaive vers ta gorge. Caligula tend alors sa main dans sa direction, lui donnant ainsi l'ordre de t'achever.

– Habet[1] ! crie la foule, quelques instants plus tard.

Pour ce vingtième combat victorieux, Triumphus reçoit la palme du vainqueur et la récompense en argent qui l'accompagne. Tous les Romains se lèvent pour l'acclamer.

En attendant que l'on fasse entrer la prochaine paire de gladiateurs, les commis de l'arène, maquillés et déguisés, te traînent en sautillant comme un pantin désarticulé jusqu'à la chambre des morts…

1. Tu l'as eu.

Les empereurs et les jeux

Pour que la paix règne à Rome, l'empereur sait qu'il doit se faire aimer de son peuple. Il organise des distributions gratuites de farine, il distrait les Romains avec des spectacles somptueux. Dès qu'il le peut, il assiste aux combats de gladiateurs.

Poussés par l'aventure et la soif du triomphe, certains empereurs descendent dans l'arène. D'autres organisent des **spectacles éblouissants**, comme des reconstitutions historiques de combats navals, les naumachies. Quant à ceux qui méprisent ces jeux, les trouvant vulgaires, ils perdent vite leur popularité.

Auguste

Il surpasse tout le monde par la variété et le luxe de ses jeux du cirque. Il fait combattre plus de 10 000 gladiateurs.

Caligula

Il a plaisir à voir le sang couler. Il envoie mourir dans l'arène les spectateurs qui n'apprécient pas assez le spectacle qu'il leur offre.

Claude

Il raffole des jeux. Il arrive tôt le matin et déjeune sur place pour ne pas rater les supplices.

Tibère

Il trouve ces divertissements vulgaires et, durant son règne, les jeux du cirque se font rares.

Néron

Il aime à ridiculiser la noblesse romaine en les faisant combattre dans l'arène avec des épées mouchetées.

REVIENS SUR TES PAS ET CHOISIS UN AUTRE CHEMIN !

Lorsque Tigris se relève et s'approche de toi, tu n'en mènes pas large. C'est un vrai colosse, engraissé à la soupe d'orge et aux fèves bouillies ! Il enfonce ses doigts noueux dans ton épaule, fixe du regard les autres gladiateurs, puis éclate de rire.
– Enfin, en voilà un qui ne se laisse pas impressionner, dit-il. Un qui a comme moi l'étoffe d'un héros de l'arène ! Laniste*, reprend-il en se remettant à l'entraînement, lorsque cet apprenti aura pris un peu de carrure et qu'il sera prêt à livrer son premier combat, je veux me battre contre lui dans l'arène.

SI TU DÉCIDES DE T'ENTRAÎNER AVEC TIGRIS POUR ÉTUDIER SA TECHNIQUE DE COMBAT, VA EN 8.

SI TU PRÉFÈRES T'ENTRAÎNER HORS DE SA VUE, VA EN 10.

23

– Pourquoi as-tu échangé mon poignard contre celui-ci ? interroges-tu l’arbitre en lui montrant la pointe de l’arme, tout émoussée. Comment pourrais-je égorger le secutor* !? Ce combat est déloyal !

L’arbitre est appelé par Clemens. Ses explications rendent furieux le sénateur*. Il craint les remarques de son invité de marque. D’ailleurs, celles-ci ne se font pas attendre :

– Tu as mal choisi tes gladiateurs, dit d’un ton sec Caligula à Clemens. Cet insolent qui ose imaginer que l’on puisse truquer un combat en ma présence va le payer cher ! Enlevez-lui son poignard et son trident, reprend-il. Nous allons enfin nous amuser un peu !

La foule applaudit à tout rompre sa décision. Cette mise à mort programmée te rend fou de rage.

SI TU TE RUES SUR LE SECUTOR, VA EN 25.

SI TU ESSAYES DE L’ATTIRER PRÈS DE TOI AVANT DE LANCER TON FILET, VA EN 5.

Tu suis Tigris. Il s'avance dignement devant la tribune impériale et salue l'empereur qui honore le spectacle de sa présence. Acclamé par la foule, Caligula se lève et lance un foulard rouge dans l'arène. C'est le signal qui marque le début du combat. Tigris ne perd pas de temps. Il fonce sur toi. Tu recules, mais ton bras détend ton filet comme un éclair. Tigris fait un pas de côté et tu rates la cible. La vivacité de vos gestes ravit un moment les

spectateurs. Par la ruse, vous essayez de vous surprendre l'un l'autre. Tigris bondit comme un fauve, ton trident file comme une flèche. Mais la foule, qui encourage Tigris, se lasse vite…

– Occide ! Occide[1] ! hurlent les Romains, debout sur les gradins, en s'adressant à Tigris.

1. Tue-le.

SI TU PROFITES DES MOUVEMENTS DE LA FOULE POUR L'ATTAQUER, VA EN 43.

SI TU ATTENDS QUE TIGRIS SE CONCENTRE À NOUVEAU SUR LE COMBAT, VA EN 20.

Ton attaque surprise déclenche aussitôt la fureur de la foule. Car tu n'as pas attendu que l'arbitre lève le bras pour commencer le combat.

– Mais où ce gladiateur a-t-il appris à se battre ? hurlent les spectateurs, furieux que tu aies enfreint les règles du combat. Qu'on le renvoie au ludus*, et qu'on nous offre un meilleur spectacle !

L'arbitre se place entre vous deux et interrompt le combat. L'empereur se lève. La foule retient son souffle en attendant le verdict.

– Je me dois de satisfaire mon peuple, annonce Caligula. Jetez-le aux fauves !

Sous les hourras de la foule, tu es poussé hors de l'arène par l'assistant de l'arbitre. Te voilà condamné à servir de repas aux lions…

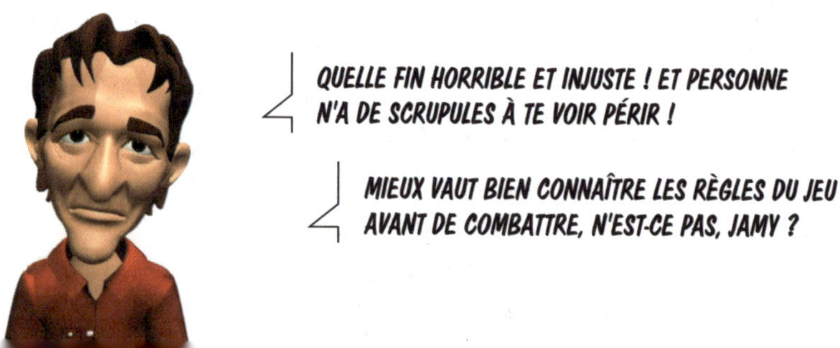

OUI, À COMMENCER PAR LA PREMIÈRE : SEUL L'EDITOR PEUT ORDONNER LA MORT D'UN GLADIATEUR !

Les règles du combat

L'editor, c'est le riche Romain, par exemple l'empereur ou le sénateur, qui a commandé les jeux au munerarius (l'organisateur). C'est lui qui donne le signal pour que les gladiateurs se mettent en place. Le duel peut commencer. Les deux gladiateurs n'ont qu'un but : **pousser leur adversaire à abandonner le combat,** même en le blessant grièvement. Mais ils n'ont pas le droit de le tuer. Le seul qui peut ordonner la mort est l'editor.

L'arbitre n'hésite pas à utiliser sa baguette pour rappeler à l'ordre les gladiateurs s'ils ne respectent pas les règles.

Lorsque l'un des gladiateurs décide d'abandonner le combat, il jette ses armes au sol et lève la main en signe d'acceptation de sa défaite. Il **tend la main et le pouce** vers son adversaire pour lui signifier : « je te rends les armes ».

Les gladiateurs attendent alors le **verdict de l'editor**, qui peut tenir compte de l'avis du public :

la mort

S'il tend la main en direction du vaincu, le pouce en l'air, celui-ci doit mourir.

la vie

S'il tend le poing, le pouce rentré, vers le vaincu, celui-ci est renvoyé vivant de l'arène.

L'arbitre peut parfois proposer **l'égalité**. Le plus souvent, l'editor l'accepte. S'il refuse, le combat doit se poursuivre jusqu'à la mort d'un des gladiateurs.

REVIENS SUR TES PAS ET CHOISIS UN AUTRE CHEMIN !

26

– Tu as donné au peuple de Rome un bien beau spectacle, te dit Aquila.
– Et en plus, Martial a réussi à s'attirer les faveurs de ces dames, ajoute Tigris en retirant ses protections de cuir. C'est un vrai bourreau des cœurs !
– C'est vrai que j'ai bien réussi mon entrée dans la haute société.
Un peu plus tard, tu racontes à Tigris ce qu'un des petits commis de l'arène vient de te confier : tu as rendez-vous le soir-même avec Valeria, une grande dame de la société romaine.

GARDE TON SOURIRE DE SÉDUCTEUR JUSQU'EN 31.

27

Lucius et ses gladiateurs circulent dans toute l'Italie. Le laniste* est un ancien gladiateur et sa troupe est une des meilleures de l'Empire. C'est aussi un fameux homme d'affaires qui s'enrichit en louant ses hommes à une clientèle fidèle, passionnée par les combats de gladiateurs.

Les arènes où tu combats n'ont rien à voir avec celles de Rome : ce sont de simples petits amphithéâtres de bois. Et le nombre des combattants est réduit. Il t'arrive même parfois d'affronter l'adversaire plusieurs fois dans la même journée. Le rythme est infernal, mais c'est un entraînement de haut niveau. Au bout d'un an, tu arrives ainsi au sommet de ton art. Te voilà devenu l'un des rétiaires* les plus doués d'Italie.

ALLEZ, CHAMPION, MONTRE-NOUS CE QUE TU SAIS FAIRE EN 13 !

Jamais tu n'aurais imaginé produire un tel effet en marchant dans les rues de Rome. La foule vous jauge, examine vos muscles soigneusement huilés, les filles gloussent, émues par la force que vous dégagez, les premiers paris fusent…

– Et après ça, on rentre au ludus* se goinfrer ! te dit Marcellus, lui aussi sélectionné pour les combats. Ce soir, c'est Clemens qui régale. Pour la première fois de ta vie, tu vas manger comme un prince !

– Et après, on fait la fête ? lui demandes-tu.
– Un groupe de vétérans* a l'habitude de se réunir dans les caves, te répond-il. Il paraît que cela porte chance d'assister à leur petite cérémonie.

SI TU DÉCIDES DE PROFITER À FOND DE TA SOIRÉE AU LUDUS, VA EN 33.

SI TU PRÉFÈRES ACCOMPAGNER MARCELLUS À SA RÉUNION SECRÈTE, VA EN 12.

29

Clemens fait un tour d'honneur sous les acclamations de la foule avant de rejoindre sa loge. Il a tout prévu pour que le public ne s'ennuie pas : les condamnés livrés aux bêtes et les combats d'animaux sauvages dans la matinée, les combats de gladiateurs après le déjeuner.

Tu entres dans l'arène : c'est toi qui inaugures cet après-midi de combat. Lorsque l'arbitre vous tend vos armes, après avoir vérifié qu'elles étaient bien aiguisées, tu t'aperçois qu'une tricherie a été commise.

SI TU EN FAIS PART À L'ARBITRE, VA EN 23.

SI TU N'OSES RIEN DIRE, VA EN 5.

30

L'instant d'après, tu es de retour dans la cour. Tu es furieux d'avoir participé à cette cérémonie et tu cognes à grands coups de poings dans le palus* pour faire passer ta colère.
– Vos présages, vos dieux de pacotille… Tout cela n'est qu'une mascarade ! cries-tu à tue-tête.
– Hé là, par Hercule, t'apostrophe Aquila, attiré par tes cris. Qui es-tu pour ne pas craindre la colère des dieux ! Ne serais-tu pas un de ces maudits chrétiens ?

– J'ai perdu la tête dès que je t'ai vu entrer la première fois dans l'arène, te confie Valeria en te conduisant dans son jardin. Sois mon chevalier servant, apprends-moi l'escrime gladiatorienne. En échange, je t'accorderai mes faveurs.
Trois ans plus tard, ces faveurs te sauveront la vie, un jour où toi, l'invincible rétiaire*, le dur à cuire aux biceps couturés, tu te fais huer par la foule.
– Le spectacle est ennuyeux. Martial, remue-toi ! Tu manies ton trident comme un ours. Jugula[1] ! Jugula !
Épuisé, démoralisé, hors d'état de continuer la lutte, tu t'étends sur le dos et lèves la main gauche. Ton adversaire s'avance pour te porter le coup fatal, mais Valeria ne peut se résoudre à te voir périr. Et elle réussit à arracher ta grâce à l'organisateur des jeux. Cette grande dame, folle d'amour, saura même obtenir, après le combat, que tu sois affranchi et deviennes son maître d'armes !

1. Égorge-le

C'EST VRAI, LES COMBATS DE GLADIATRICES N'AVAIENT RIEN À ENVIER À CEUX DES HOMMES !

Gladiateurs et gladiatrices

Mais revenons sur l'origine de ces combats : ils seraient d'abord apparus au IVe siècle avant J.-C. en Campanie, où les hommes se battaient jusqu'au sang lors des funérailles d'un personnage important.

IIe siècle av. J.-C. Ces combats deviennent **de vrais spectacles**.

Ier siècle ap. J.-C. Ils servent à **montrer la puissance** des hommes politiques, des empereurs qui dépensent des sommes énormes pour divertir le peuple.

63 ap. J.-C. Sous le règne de **Néron**, la mode est au combat de femmes : une mode qui fait fureur parmi les riches Romaines qui apprennent l'escrime avec des armes mouchetées. Mais tout est différent pour les femmes esclaves qui combattent dans l'arène !

Les gladiatrices luttent avec des armes bien aiguisées. Elles sont souvent blessées mais, sauf en cas d'accident, elles ne périssent pas dans l'arène.

Les combats féminins restent exceptionnels. Ils furent interdits au IIIe siècle par l'empereur Septime Sévère.

REVIENS SUR TES PAS POUR VIVRE UNE AUTRE AVENTURE !

– Jugula[1], jugula ! hurle une partie des spectateurs.
– Mitte[2], mitte ! clament les partisans du secutor*.
Ce chahut exaspère l'empereur.
– Je ne supporte plus ces cris, je vais apprendre à mon peuple à bien se tenir. Que l'on replie le velum qui les protège du soleil ! J'interdis à quiconque de sortir tant que le silence ne sera pas revenu dans l'arène, ordonne-t-il.

C’est la foire d’empoigne dans les gradins. Les parieurs qui ont misé sur le secutor s’en prennent à ceux qui veulent sa mort.

1. Égorge-le.
2. Renvoie-le.

ÇA CHAUFFE DANS L'ARÈNE ! VA DONC VOIR SI L'AMBIANCE EST MEILLEURE EN 43.

33

Quelle ambiance ! Quel régal que ce banquet de gladiateurs ! On est bien loin de la tambouille immonde que l'on vous sert tous les jours. Le festin est somptueux, le vin coule à flots… Tout irait bien si la salle n'était pas remplie de curieux.
– Dire que demain, la moitié des gladiateurs ne seront plus de ce monde ! ricane l'un d'eux en passant derrière toi.
Pâlissant soudain, tu te retiens à la table pour ne pas lui sauter dessus.
– Fais comme moi, prends des forces ! te dit Tigris. Mange, bois et ne laisse surtout pas paraître ta peur. Car si ces gens pensent que tu es un trouillard, dès ton entrée dans l'arène, demain, ils te condamneront.
– Viens plutôt prendre l'air avec moi, te conseille Marcellus en repoussant son écuelle à moitié pleine. La chère est bonne, mais mieux vaut ne pas en abuser pour être en forme demain matin.

SI TU SUIS LES CONSEILS DE TIGRIS ET FESTOIES ALLÈGREMENT, VA EN 3.

SI TU QUITTES LA TABLE AVEC MARCELLUS, VA EN 12.

– Triumphus est un vieux collègue. Je lui ai dernièrement rendu un fameux service et il ne fera aucune difficulté pour simuler un malaise. Ainsi, je pourrai le remplacer, te dit Tigris.
– Mais tu es un champion ! t'exclames-tu. Jamais je n'arriverai à te tuer !
– Les Romains ne viennent pas que pour nous voir nous entretuer, te répond-il en se dirigeant vers la tribune impériale. Ils aiment surtout les beaux combats, les belles passes d'armes. C'est à toi de gagner les faveurs de la foule !

ON EST AVEC TOI ! PRENDS TES ARMES ET VA EN 24.

Ton saut au-dessus du fauve a produit son petit effet. La foule t'ovationne.

– Encore ! Saute encore !

Les cris fusent de toutes parts, les femmes te lancent leurs mouchoirs. Flatté, tu te laisses prendre au jeu. Tu vas d'un bout à l'autre de l'arène, tu joues avec ta cape, tu titilles le lion en lui piquant l'arrière-train avec ton poignard.

C'est le geste de trop ! Irrité, le lion se retourne. D'un bond, il se jette sur toi et te brise la nuque. Le voilà devenu à son tour une vedette. Et c'est sous les acclamations de la foule qu'il quitte l'arène, quelques instants plus tard, le ventre plein !

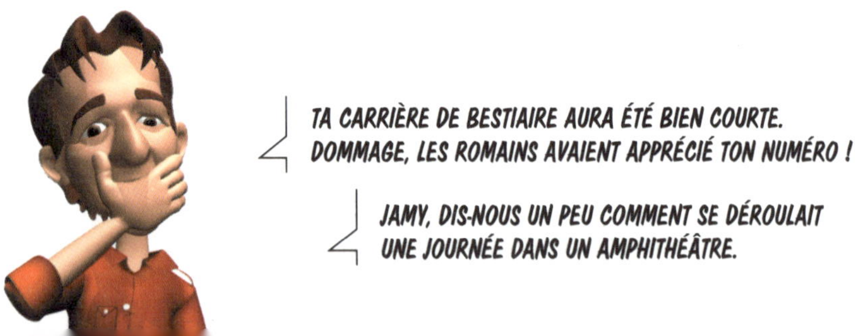

LE PROGRAMME ÉTAIT VARIÉ, CAR IL NE FALLAIT PAS LASSER LE PUBLIC !

Une journée de jeux

Il y a foule, dans l'amphithéâtre où se déroulent les spectacles. L'entrée est gratuite et les divertissements nombreux.

La journée commence par la **pompa** : l'organisateur des jeux, le munerarius, fait un tour d'honneur sur son char suivi des gladiateurs à pied, des arbitres et de leurs assistants, et enfin des gladiateurs à cheval.

Ensuite, c'est la **chasse** : les combattants, appelés « bestiaires » ou « venationes », affrontent des animaux sauvages (ours, lions, tigres). Ils sont vêtus d'une tunique de cuir et armés d'une lance et d'un poignard.

À l'heure du déjeuner ont lieu les **supplices** : les condamnés (martyrs chrétiens, bandits) sont offerts aux bêtes sauvages affamées.

L'après-midi, les gladiateurs combattent le plus souvent en **duel**. Des spectacles sont parfois organisés où les gladiateurs combattent par équipe de 5.

Pour masquer les terribles odeurs de boucherie venant de l'arène, l'amphithéâtre est doté de canalisations où circule de l'eau parfumée...

REVIENS SUR TES PAS ET CHOISIS UN AUTRE CHEMIN !

36

Durant ton année d'apprentissage, pas un mois ne se passe sans que tu ne tentes de t'enfuir.

– Amenez-moi Martial ! hurle Aquila en apprenant qu'un garde vient à nouveau de te surprendre en train d'escalader le mur de la caserne.

Tu es poussé à coups de fouet devant lui. Il te scrute en silence pendant quelques secondes puis te dit en grimaçant :

– Le fouet, les chaînes, le cachot… Aucune punition ne t'a donc fait entendre raison. Je n'ai plus d'autre choix que de te faire combattre dans l'arène, et ce, dès demain. Dans ma grande bonté, je te laisse choisir ta façon de mourir !

SI TU CHOISIS D'AFFRONTER TRIUMPHUS, LE MEILLEUR GLADIATEUR DE ROME, VA EN 19.

SI TU PRÉFÈRES COMBATTRE UN LION, VA EN 40.

37

Tu n'as pas le temps d'achever le secutor* car il lève la main gauche et demande grâce. Tous les regards se tournent alors vers la tribune impériale.

– Ce combat ne m'a pas plu ! dit Clemens. Je laisse donc le soin à la foule de décider du sort du secutor, annonce-t-il à l'arbitre. Ils adorent ce champion. Espérons qu'ils lui laisseront la vie sauve.

Debout sur les gradins, les Romains hurlent de joie lorsqu'ils apprennent que c'est à eux que revient l'honneur de donner leur avis sur la suite du combat.

SI TU ATTENDS LE VERDICT SANS BRONCHER, VA EN 32.

SI TU PRÉFÈRES POSER TON GENOU SUR LA POITRINE DU VAINCU, AU CAS OÙ IL TE FAUDRAIT REPRENDRE LE COMBAT, VA EN 16.

38

Ta désobéissance est sévèrement punie. Tu es fouetté, battu, puis jeté au cachot.
– N'en as-tu pas assez de cette vie de meurtrier ? te confie un jeune gladiateur, lui aussi emprisonné dans les caves du ludus. Rallie-toi à nous ! Nous sommes plus de trente à vouloir nous évader.
– Je suis avec vous, lui réponds-tu en massant tes épaules meurtries par les coups de fouet. Je veux goûter à la liberté, oublier tout le sang que j'ai fait couler dans l'arène. Révoltons-nous, regroupons-nous avec tous les miséreux de la région qui n'en peuvent plus de subir des injustices.

ALORS LÀ, ON EST À 100 % D'ACCORD AVEC TOI ! SERS-TOI DE TA FORCE POUR DÉFENDRE LES PLUS FAIBLES. VA EN 6.

– Tes armes sont au nombre de trois, te rappelle ton entraîneur, en se plaçant face à toi : le filet, le poignard et le trident. Essaye donc d'embrocher le palus* avec ton trident avant que je ne demande à Tigris de t'enseigner quelques règles de combat.
– J'adore cogner sur les nouveaux, répond Tigris en s'avançant vers toi en rigolant.
– Et voilà ce qu'il te fait, le nouveau ! répliques-tu.
Devant une dizaine de gladiateurs stupéfaits, tu lances ton filet, tu le fais claquer contre les jambes de Tigris. Déséquilibré par la violence de ton geste, le gladiateur tombe à terre. Voilà un geste qui risque de te coûter cher…

SI TU ATTENDS LA RÉACTION DE TIGRIS, VA EN 22.

SI TU REPRENDS L'ENTRAÎNEMENT COMME SI DE RIEN N'ÉTAIT, VA EN 8.

Il est onze heures, le lendemain matin, lorsque tu fais tes premiers pas de bestiaire* dans l'arène. Vêtu d'une tunique de cuir, armé d'un fouet et d'un poignard, tu te diriges lentement vers un énorme lion affamé. Tu commences par faire claquer ton fouet, tu secoues la cape de couleur censée exciter le fauve, mais bientôt, te voilà obligé de reculer…

– Ce gladiateur est peureux ! clame la foule, mécontente. Envoyez-lui un deuxième lion pour qu'on s'amuse un peu !

Piqué au vif par ces moqueries, tu t'élances à toute vitesse et tu sautes au-dessus du fauve.
– Et ça, ce n'est pas du courage ? hurles-tu à ton tour.

SI TU DÉCIDES DE CONTINUER TON PETIT NUMÉRO POUR GAGNER LES FAVEURS DES SPECTATEURS, VA EN 35.

SI TU PRÉFÈRES ATTAQUER LE LION, VA EN 9.

– Perseverate [1] ! ordonne l'empereur.
Tu tournes ta tête vers la tribune impériale. En voyant un sourire cruel illuminer le visage de Caligula, tu comprends ce qui est en train de t'arriver. On t'a drogué en te faisant boire pendant la pause : une boisson sûrement empoisonnée sur ordre de l'empereur, bien décidé à faire gagner son favori.
La bave aux lèvres, tremblant, tu t'approches de l'arbitre et murmures dans un râle sourd quelques mots :
– Ordonne que l'on fasse cesser le combat, il est déloyal !

1. Continuez.

CRIE PLUS FORT POUR QU'IL ENTENDE TA RÉCLAMATION. VA EN 21.

42

De la tribune impériale aux derniers gradins, tous se taisent pour écouter ce que tu as à dire.

– Je sais que le peuple aime que l'on laisse la vie sauve à un champion vaincu pour la première fois, hurles-tu en saluant l'empereur. Avec ton accord, nous allons donc sortir tous les deux vivants de l'arène !

Les Romains, enthousiastes, agitent leurs mouchoirs. Ils t'applaudissent, ils t'acclament.

Puis ce sont les femmes qui se déchaînent en louant ta musculature et ta beauté.

Et c'est cela qui déplaît à Caligula. Ta soudaine popularité l'irrite !

SI TU DÉCIDES DE QUITTER L'ARÈNE AU PLUS VITE, VA EN 26.

SI TU PRÉFÈRES ATTENDRE QUE L'EMPEREUR T'Y AUTORISE, VA EN 18.

Soudain, c'est la catastrophe ! Une des tribunes ne résiste pas aux Romains qui manifestent leur mécontentement en tapant du pied. La foule panique. Seuls ceux qui réussissent à sauter dans l'arène échappent à la mort. Tu aperçois un vieil homme, hagard, qui n'arrive pas à sauter la rambarde séparant les tribunes de l'arène. Pris de pitié, tu cours à sa rencontre et l'attrapes sous les bras. Hélas, à ce même moment, la garde impériale chargée d'évacuer Caligula te repousse. Un des soldats te frappe violemment à la tête. Piétiné par la foule, tu succombes quelques instants plus tard.

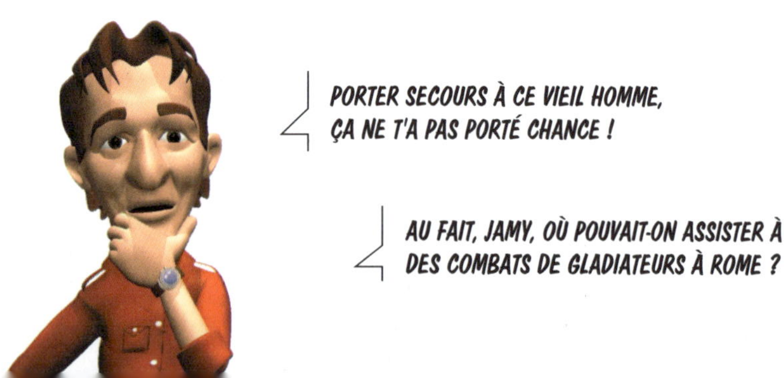

DANS LES CIRQUES, QUI SERVAIENT AUSSI AUX COURSES DE CHEVAUX, ET DANS LES AMPHITHÉÂTRES COMME LE COLISÉE.

Le Colisée

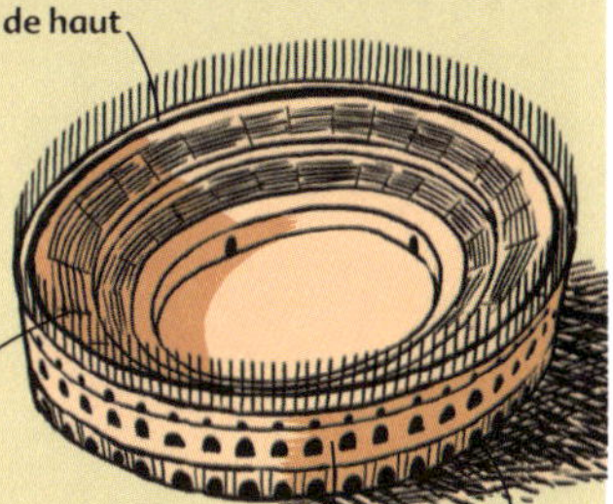

Avant l'édification du Colisée,
les jeux se déroulaient dans des bâtiments de bois ou de pierre très simples.

La construction de l'amphithéâtre **Flavien**, appelé aussi « Colisée », débute sous **Vespasien** (69-79) et est achevée par **Titus** (79-81) en 80. L'inauguration du Colisée donna lieu à cent jours de fête. Gladiateurs, chasses, combats navals, courses de chevaux… L'empereur Titus offrit aussi de nombreux lots à la foule.

Le Colisée a été conçu pour que la foule puisse évacuer en quelques minutes.

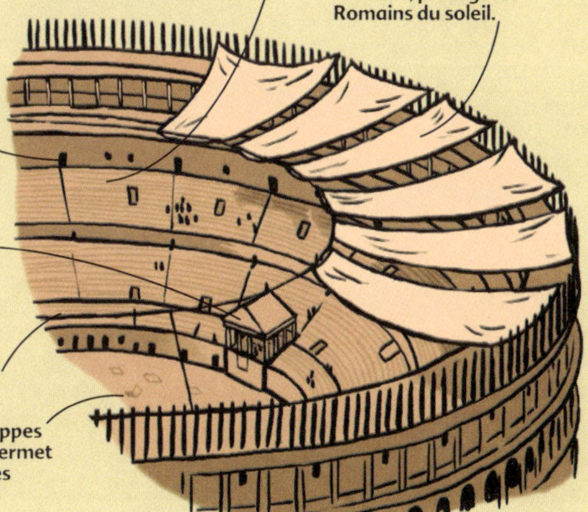

REVIENS SUR TES PAS POUR VIVRE UNE AUTRE AVENTURE !

GLOSSAIRE

Apparier
Assortir par paires des couples de gladiateurs.

Bestiaire
Gladiateur armé d'une lance ou d'une épée qui affronte au corps à corps une bête sauvage.

Laniste
Marchand et propriétaire des gladiateurs. Il dirige le ludus.

Ludus
Caserne servant à l'entraînement et au logement des gladiateurs.

Mirmillon
Gladiateur équipé d'un casque, d'un bouclier allongé et d'un glaive court.

Munus
Combat de gladiateurs offert au peuple par l'empereur ou un riche Romain.

Palus
Poteau en bois servant à l'entraînement des gladiateurs.

Patricien
Citoyen romain appartenant à la classe aristocratique.

Plébéien
Homme du peuple, dans la société romaine.

Pompa
Défilé des gladiateurs dans l'arène avant le combat.

Rétiaire
Gladiateur équipé d'un trident, d'un poignard et d'un filet.

Secutor
Gladiateur équipé d'un casque, d'un grand bouclier et d'un glaive.

Sénateur
Riche Romain membre de l'assemblée de la République romaine.

Sesterce
Monnaie d'argent de la Rome antique.

Vétéran
Personne qui a une longue pratique d'une profession.